AF227347

PROPOSITIONS FONDAMENTALES

DU

SYSTÈME SOCIAL,

DE LA COMMUNAUTÉ DES BIENS,

FONDÉ SUR LES LOIS DE LA NATURE HUMAINE.

Par Robert OWEN;

TRADUIT DE L'ANGLAIS,

PAR JULES GAY.

PARIS,

Chez PAULIN, Libraire, rue de Seine-Saint-Germain, N° 37.

1837.

A côté du mal qu'ont fait aux sentiments sociaux de notre époque, les idées fausses que certains systèmes ont tendu à propager depuis huit ans, il n'apparaît qu'un bien; mais il a son prix : c'est que les idées sociales peuvent s'avouer, s'offrir à l'examen, commander même l'attention; puisque l'avenir leur appartient, si l'humanité ne s'arrête ou ne recule pas comme elle a fait quelquefois, au lieu de s'avancer vers ce perfectionnement de ses rapports sociaux, que le développement inoui des applications des sciences et des arts et celui d'une saine philosophie, peuvent déjà lui faire entrevoir.

Ce perfectionnement ne saurait se rencontrer, on le pense bien, dans la voie d'un *Lamaïsme*, autant que possible idéalisé, où la personnalité d'un seul homme viendrait à absorber, au moyen d'une hiérarchie d'absorptions successives, tout le genre humain lui-même. Laissons ce système antihumain dans l'oubli où il est tombé comme théorie, tout en déplorant que, depuis trop long-temps, il se trouve en application partielle, plus ou moins, chez tous les peuples de la terre. Ce n'est pas, non plus, sur la supposition arbitraire de changements constitutifs dans la nature de notre globe, dans celle de ses éléments ni des lois qui les régissent, qu'il faut baser un système social, devant régir l'humanité toute entière. Renvoyons ces singularités et le reste à des esprits crédules. Il y a mieux à faire que de constituer en grand l'exploitation de l'homme par l'homme, ou de lui promettre on ne sait quoi d'inqualifiable. Certes, ceux qui, tout en remplissant leur fonction dans l'ordre actuel, s'intéressent au bonheur de l'espèce, méritent d'apporter leurs encouragements et leur concours à des idées plus saines, non moins *positives* que les premières et plus *naturelles* que les secondes.

C'est ce qu'ont pensé quelques amis de M. ROBERT OWEN, en France; persuadés comme lui, que le système de *coopération mutuelle avec communauté de biens* était fait pour réaliser la perfection de l'Ordre Social humain. C'est pourquoi ils ont résolu de reprendre les publications que quelques-uns d'eux avaient déjà commencées depuis 1819, afin de répandre plus généralement la connaissance de ce système, d'en provoquer l'examen, et ils ne craignent pas de le dire, une critique profonde, sur toutes les questions de philosophie, de morale, d'économie politique et domestique qu'il soulève. Leur but est aussi de rattacher à un centre commun d'instruction et de pratique, les nombreux esprits qui déjà se nourrissent de ces idées en notre pays, bien qu'il n'ait été presque rien fait encore pour en propager la connaissance. Ce qui explique, sans aucun doute, cette propension instinctive de tant d'esprits en France, c'est que nul peuple n'est aussi profondément imbu que nous des sentiments d'égalité fraternelle que le système suppose avant tout. En Angleterre où il s'est propagé d'abord, c'est le contraire; mais il ne s'y enracine pas moins dans toutes les classes tour-à-tour, par la seule force de sa vérité et de sa parfaite harmonie avec les sentiments les plus intimes de l'homme.

On trouvera ici les propositions fondamentales du système, telles que le conçoit M. Robert Owen. Il suffit de jeter un coup d'œil sur ce petit écrit, pour voir qu'il touche aux questions les plus vives des sciences morales, et qu'il mérite de varier l'examen. On remarquera aussi que les plus neuves de ces questions sont dans la direction philosophique de l'esprit de Locke et des penseurs français. On pourra les controverser, ainsi que les parties purement réglementaires; mais nous croyons qu'il sera toujours facile de s'entendre sur les points capitaux du système, qui tous parlent avec une égale intelligibilité à l'esprit et au cœur.

Ad. Rauguel.

OUVRAGES FRANÇAIS,

Sur le système de M. Robert Owen.

1°. *Examen impartial des nouvelles vues de* M. R. Owen, par M. Macnab, médecin de S. A. R. le duc Kent; traduit par M. Laffon de Ladébat; 1 vol. in-8°. Paris, 1821, Treuttel et Würtz.

2°. *Adresse pour améliorer le caractère moral du peuple*, par R. Owen; traduit par M. le comte de Lasteyrie. Paris, 1819, Louis et Colas; rue Dauphine, 28.

3°. *Esquisse du système d'éducation suivi à New-Lanark;* traduit de l'anglais, de M. Dale Owen, par M. Desfontaines. Paris, 1825. Lugan; passage du Caire.

4°. *Revue Encyclopédique* (articles en : mai 1821, avril 1823, avril 1825, juin 1825, par M. Jullien, de Paris. — *Revue Américaine* (mai 1827). — *Mémorial Catholique*, (février 1827).

5°. *Lettres sur le système de la coopération mutuelle et de la communauté de tous les biens*, d'après le plan de M. R. Owen; par Jos. Rey, de Grenoble. Paris, 1828. Sautelet; place de la Bourse.

SYSTÈME RATIONEL DE SOCIÉTÉ.

Seul remède efficace pour apaiser l'agitation présente de la société, et la guérir de ses douleurs physiques et morales en détruisant les causes qui les produisent.

Faits Fondamentaux.

L'homme est un être composé, dont le caractère résulte de son organisation à sa naissance et des effets des circonstances extérieures au milieu desquelles il se trouve placé jusqu'à sa mort; cette *organisation originelle* et ces *influences extérieures* agissent et réagissent continuellement.

L'homme est *forcé*, par sa constitution originelle, de recevoir involontairement ses sentiments et ses convictions.

Ses sentiments et ses convictions, ou la réunion des uns et des autres, sont les moteurs de sa volonté et décident de ses actions.

L'organisation de deux êtres humains, à leur naissance, n'est jamais précisément identique. Il n'y a pas d'art qui puisse, avec le temps, produire en deux individus, une similitude absolue.

Cependant, chaque enfant, sauf le cas de vice organique, peut, selon les circonstances extérieures qui influent dès sa naissance sur sa constitution, devenir ou un être inférieur ou un être supérieur.

CONSTITUTION DE LA NATURE HUMAINE.

Science morale de l'homme.

1. La nature humaine est un composé de *penchants instinctifs*, de *facultés intellectuelles* et de *sentiments moraux*.

2. Ces penchants, facultés et sentiments, se retrouvent en différentes proportions dans chaque individu.

3. Cette diversité est ce qui constitue la différence d'un individu à un autre.

4. Ces éléments de la nature humaine, ainsi que leurs proportions, sont le fait d'un pouvoir inconnu à l'individu ; ils se forment, par conséquent, sans son consentement.

5. Chaque individu naît au milieu de certaines circonstances extérieures, qui agissent sur son organisation originelle pendant la première période de sa vie, impriment leur cachet sur lui et forment son caractère particulier.

6. L'influence de ces circonstances extérieures est modifiée par l'organisation spéciale de l'individu, c'est par là que le caractère distinctif de chacun est formé dans le cours de la vie.

7. Un enfant ne peut décider en quel temps, dans quelle partie du monde, ni de quels parents il naîtra; dans quelle religion il sera élevé; quelles manières, coutumes ou habitudes lui seront données, ni de quelles autres circonstances extérieures il sera environné de sa naissance à sa mort.

8. L'individu est organisé de manière que, dans son enfance, il peut être *forcé* de recevoir, soit des idées justes provenant de la connaissance des faits, soit de fausses notions provenant seulement de l'imagination et en opposition avec les faits.

9. L'homme devient nécessairement irrationel quand, dès son enfance, il reçoit de fausses notions comme des vérités ; et il ne deviendra rationel que lorsqu'il recevra dès l'enfance la vérité sans mélange d'erreur.

10. L'homme jeune peut être élevé de manière à n'acquérir que des habitudes malfaisantes, ou que des habitudes bienfaisantes, ou enfin un mélange des unes et des autres.

11. La croyance de l'homme est l'effet des convictions opérées sur son esprit; or, ces convictions ne peuvent ni lui être données, ni lui être ôtées selon sa volonté.

12. L'homme aime ce qui lui procure des sensations agréables, et hait ce qui lui en procure de désagréables. Il ne peut savoir avant l'expérience, quelles nouvelles sensations de nouveaux objets produiront en lui.

13. Les sentiments et les convictions de l'individu sont formés par les impressions que les circonstances produisent sur son organisation.

14. La volonté est formée en l'individu par ses sentiments, par ses convictions ou par les deux ensemble : de la sorte, tout son caractère physique, intellectuel et moral est formé indépendamment de lui-même.

15. Les impressions qui, à leur origine, produisent d'agréables sensations, deviennent, si elles continuent au-delà d'un certain temps, indifférentes, désagréables, et enfin pénibles.

16. Quand les impressions se succèdent trop rapidement, elles dissipent, affaiblissent et détériorent le pouvoir moral, intellectuel et physique de l'homme, et diminuent ses jouissances.

17. La santé, le développement et le bonheur de l'homme dépendent d'une culture convenable de toutes ses facultés physiques, intellectuelles et morales, dans la première période de la vie; et d'un exercice convenablement réglé.

18. Un individu est disposé à recevoir ce qu'on appelle communément *un mauvais caractère*, quand il est né avec une proportion défavorable dans les éléments de sa nature, ou quand il a été placé dès sa naissance au milieu de circonstances défavorables.

19. Un homme jouit d'un caractère médiocre; 1º. Lorsque, créé avec une proportion favorable de ses facultés, il a été placé, dès la naissance, au milieu de circonstances défavorables;

2º. Quand, avec une proportion défavorable, il a été placé au milieu de circonstances favorables;

3º. Lorsque, créé avec une proportion favorable sous certains rapports, et une défavorable sous d'autres, il s'est trouvé placé au milieu de circonstances variées, produisant tantôt de bonnes influences, et tantôt de mauvaises : ce point a été jusqu'à présent le lot de l'humanité.

20. L'homme est propre à recevoir un caractère supérieur quand sa constitution originelle contient les meilleures proportions de ses facultés, et quand les circonstances qui l'entourent à sa naissance et pendant le cours de sa vie, sont de nature à produire seulement des impressions favorables; ou en d'autres termes, quand les lois, les institutions, les coutumes sous lesquelles il vit, sont toutes en harmonie avec les lois de sa nature.

Conditions requises pour le bonheur.

21. Posséder une bonne organisation physique, intellectuelle et morale.

22. Pouvoir se procurer tout ce qui est nécessaire pour conserver cette organisation dans le meilleur état de santé et de bien-être.

23. La meilleure éducation physique, intellectuelle et morale pour tous.

24. Le désir et les moyens d'augmenter sans cesse le bonheur de nos semblables.

25. Le désir et les moyens d'augmenter continuellement la somme de nos connaissances.

26. Le moyen de jouir de la meilleure société, et de nous associer avec ceux pour lesquels nous éprouvons le plus d'estime et d'affection.

27. Les moyens de voyager quand on le désire.

28. Point de superstition, point de terreurs surnaturelles ni autres, à la mort.

29. La pleine liberté d'exprimer notre pensée sur tous les sujets.

30. La plus grande liberté d'action individuelle, compatible avec celle d'autrui et le bien permanent de la société.

31. Pouvoir n'exprimer jamais que la vérité en toute occasion; sentir une charité pure pour Les sentiments, les pensées et la conduite de tous les hommes, et éprouver une sincère bienveillance pour chacun d'eux.

32. Vivre dans une société dont les lois, les institutions et l'ordre, soient en harmonie avec les lois de la nature humaine.

Science de la Société.

33. Une connaissance des lois de la nature humaine, provenant de la démonstration des faits qui prouvent que l'homme est un être sociable.

34. Une connaissance pratique du meilleur mode de produire abondamment tout ce qui est nécessaire pour les besoins et l'agrément de la vie humaine.

35. Une connaissance pratique du meilleur mode de distribution de ces produits, pour l'avantage de tous.

36. La connaissance raisonnée et pratique d'une nouvelle combinaison de circonstances, propre à faire un jour de l'enfant, l'homme le plus perfectionné.

37. Une connaissance théorique et pratique des principes par lesquels l'homme peut être gouverné sous ces nouveaux arrangements, comme il convient à un membre de la grande famille humaine.

38. La théorie et la pratique pour fondre, dans les proportions convenables, en un système général, les cinq branches précédentes, de la science de la société, et pour garantir à tous la plus grande somme d'avantages et de jouissances.

Croyance et devoirs de la religion rationelle.

39. Tous les faits connus indiquent qu'il n'est point d'existence sans une cause externe ou interne. Cette cause souveraine du mouvement et du changement dans l'univers est le pouvoir que les nations diverses ont appelé *Dieu, Jéhovah, Lord*, etc.; mais les faits qui mettraient à même de définir ce qu'est ce pouvoir sont inconnus à l'homme.

40. Toutes les cérémonies du culte et de l'adoration que l'homme adresse à cette cause, dont l'essence lui est encore si peu connue, proviennent de cette ignorance même; elles ne peuvent être d'aucune utilité réelle en pratique, et il est impossible de rendre les hommes rationnels dans leurs sentiments, pensées ou actions, tant que ces formalités dureront.

41. Le premier devoir de l'homme envers lui-même et envers ses semblables est d'acquérir la connaissance des circonstances qui produisent le mal et celle des circonstances qui produisent le bien; d'exercer tout son pouvoir pour éloigner les premières de la société, et pour créer seulement les dernières autour d'elle.

42. Cette inappréciable science pratique ne peut s'acquérir que par une vue complète de la vérité, par une étude des faits, soigneuse, patiente et dégagée de tout préjugé.

43. L'homme n'atteindra jamais à un état de bonheur parfait et durable, qu'il ne soit entouré, dès son jeune âge, de circonstances extérieures propres à lui inspirer un amour et une affection sincère pour tous ses semblables, à le faire regarder avec bienveillance tout ce qui respire, et à le décider à ne jamais s'exprimer que selon la vérité seule.

44. Ces principes et ces sentiments ne sauraient nous être donnés sous l'empire d'institutions fondées sur la supposition erronée, que l'homme a la liberté de former ses sentiments et ses convictions; ce qui l'en rendrait responsable.

45. Au contraire, sous l'empire des institutions du système rationel de société, ces principes supérieurs et ces dispositions peuvent être le partage de tous les hommes, excepté dans le cas de maladie organique.

CONSTITUTION GÉNÉRALE DU GOUVERNEMENT.

Lois basées sur la nature humaine.

46. Un gouvernement rationel peut seul donner le bonheur aux gouvernés :

Il constatera quelle est la nature de l'homme, quelles sont les lois de son organisation et de son existence, de sa naissance à sa mort ; ce qui est nécessaire au bonheur d'un être ainsi formé et se développant ainsi ; et quels sont les meilleurs moyens d'obtenir et d'assurer la possession durable de cela à ses gouvernés.

Il fera les arrangements au moyen desquels les conditions essentielles du bonheur seront pleinement et durablement acquises. Ces lois, peu nombreuses, seront faciles à comprendre, et en parfaite harmonie avec les lois de la nature humaine.

47. Tous auront une égale et entière liberté d'exprimer ce que leur dictera leur conscience.

48. Nul n'aura d'autre moyen que la libre discussion, pour contrôler les opinions ou la croyance des autres.

49. Ni louange, ni blâme, ni récompenses, ni punitions, ne seront donnés pour une croyance quelconque.

50. Tous auront le droit d'exprimer leur opinion sur la *cause première*, de l'adorer, sous la forme et de la manière la plus convenable à leur conscience, mais non le droit de l'imposer aux autres.

51. Nul ne sera responsable de son organisation physique, intellectuelle ou morale.

52. Nul ne sera responsable des impressions produites sur son organisation par les circonstances extérieures.

53. Personne ne sera responsable des sentiments et des convictions qui, étant en lui, sont pour lui la vérité, tant qu'il les conserve.

Entretien et Éducation de la population.

54. Au moyen des arrangements publics, chacun sera pourvu toute sa vie, des meilleures choses. Ces arrangements donneront aussi la meilleure direction à l'industrie et aux talents de chaque individu.

55. Tous seront élevés de la meilleure manière connue.

56. Tous passeront par un même développement d'éducation, par les mêmes enseignements domestiques, et par les mêmes emplois.

57. Dès leur naissance, les enfants seront sous le soin spécial de la communauté dans laquelle ils sont nés; leurs parents auront toujours un libre accès auprès d'eux.

58. Tous les enfants seront élevés ensemble, comme enfants de même famille. On leur donnera de bonne heure la connaissance de leur nature.

59. L'individu sera encouragé à exprimer ses sentiments et ses convictions, c'est-à-dire, à ne parler que d'après la vérité, en toute occasion.

60. Les deux sexes recevront une éducation égale; ils jouiront de la liberté personnelle et des droits égaux; leur union naîtra de la sympathie naturelle, n'étant plus influen-/cée par des distinctions ou des inégalités artificielles.

61. Dans le système rationel de société, les enfants ayant été élevés de manière à n'acquérir que des habitudes et des sentiments basés sur les lois de la nature, la propriété privée deviendra inutile et même impossible.

62. Les membres de cette communauté étant instruits, dès l'enfance, à agir conformément à leur nature, et entourés

de circonstances en harmonie avec elle, il n'y aura plus ni punitions, ni récompenses individuelles.

63. La société ne sera pas, comme aujourd'hui, composée de simples familles, mais de communautés ou associations d'hommes, femmes et enfants, de trois cents à deux mille individus, suivant les localités.

64. Quand les nouvelles communautés seront nombreuses, elles se grouperont entre elles, pour former des congrès, à l'effet de régler leurs affaires générales.

65. Chaque communauté devra posséder autour d'elle, un territoire suffisant aux besoins de ses membres.

66. Ces communautés seront organisées de manière à procurer à tous leurs membres, tous les avantages possibles et à établir, de l'une à l'autre, les rapports les plus intimes.

Conseil de Gouvernement.

67. Chaque communauté sera gouvernée par un conseil général, et chaque département sera sous la direction d'un comité, formé de membres du conseil et choisi par lui.

68. Jusqu'à ce que tous les membres de la communauté n'aient été rendus capables de prendre part aux fonctions du conseil général, il y aura choix ou élection d'individus pour en faire partie.

69. Les devoirs du conseil général seront de gouverner tout ce qui sera du ressort de la communauté, d'organiser les divers départements de production et de distribution des richesses, de formation des caractères; d'éloigner toutes les circonstances défavorables au bonheur, en faisant naître les plus favorables connues; d'envoyer des délégués aux divers cercles de communautés; de favoriser le système rationnel sur toute la terre.

70. Dans l'intérieur de la communauté, le conseil général aura plein pouvoir, aussi long-temps qu'il agira en

conformité avec les lois de la nature humaine, qui sont la règle unique.

71. Des individus élevés et placés conformément à leur nature, doivent nécessairement penser et agir rationnelle- ment, excepté dans le cas de maladie mentale ou physique; et alors, le conseil les placera dans des hospices, jusqu'à ce que les traitements les mieux conçus et les plus doux aient opéré leur guérison.

72. Lorsqu'il le jugera convenable, le conseil appellera de- vant lui les capacités pratiques et prendra leur avis.

73. Si le conseil entreprenait d'enfreindre les lois de la nature humaine, les anciens de la communauté convoque- raient une assemblée générale de tous les membres au- dessus de seize ans : cette assemblée examinerait la con- duite du conseil général et en nommerait un nouveau s'il y avait lieu.

74. Tous autres différents, s'il en survient dans ces com- munautés, seront immédiatement terminés à l'amiable entre les parties, par la décision des trois plus anciens parmi les membres du conseil; et si la dissidence existait entre des membres du conseil, par les trois membres qui en seraient sortis les derniers.

CONCLUSIONS.

75. Le moment d'introduire le système rationel, ce sys- tème qui doit régénérer le caractère de l'homme, diriger la population du globe vers l'union, la paix, le bonheur, et toutes les améliorations progressives, est venu; et nul pou- voir humain ne saurait empêcher ce changement.

76. Les gouvernements seront bientôt contraints, dans l'intérêt même de leur conservation, d'adopter ce système supérieur, pour se préserver des révolutions, de la guerre et de la ruine.

77. Ce changement déracinera et détruira entièrement le vieux système d'ignorance, de pauvreté, de compétition, de lutte entre les individus et de guerre entre les nations. Il introduira, à la place, un état de société, dans lequel la compétition, les querelles et les guerres cesseront pour toujours, et où tous les hommes seront élevés, dès leur enfance, dans l'idée de ne travailler qu'à se rendre mutuellement heureux.

78. Pour l'établissement de ce système, il faut convaincre les gouvernements de la vérité des principes sur lesquels il est fondé. Il faut aussi qu'un nombre suffisant d'individus soient imbus de l'esprit de charité, d'affection et de philanthropie véritables qui le caractérise, et soient instruits de la meilleure manière de le mettre en pratique; il faut qu'ils possèdent la patience et la persévérance pour vaincre les obstacles que les préjugés opposent à leur progrès; il faut, pardessus tout, qu'ils soient unis, qu'ils aient pleine confiance les uns dans les autres, et qu'ils soient animés d'un même cœur et d'un même esprit.

79. Sous le présent système de société, qui est contraire aux vues de la nature, les circonstances extérieures sont : dix-neuf fois sur vingt, et même quatre-vingt-dix-neuf fois sur cent, d'un caractère inférieur et vicieux. Sous le système rationnel de société, au contraire, toutes les circonstances qui dépendent du fait de l'homme, seront d'un caractère supérieur et bon.

80. Sous l'influence des arrangements religieux, politiques, commerciaux et domestiques de la Grande-Bretagne, deux cent cinquante individus ne peuvent vivre confortablement sur un mille carré de terrain, tandis que sous le système proposé, avec beaucoup moins de travail et de capitaux, cinq cents pourraient immédiatement vivre dans l'abondance; et dans quelques années, lorsque les nouveaux arrangements seront arrivés à maturité, mille, quinze cents ou plus, pourront vivre sur chaque mille carré d'un sol de bonne qualité.

Imprimerie de Beaulé et Jubin, rue du Monceau-St-Gervais, 8.